CATALOGUE

D'ESTAMPES

ANCIENNES ET MODERNES

DE DIVERSES ÉCOLES

Rédigé par M. DELANDE

DONT LA VENTE AUX ENCHÈRES PUBLIQUES AURA LIEU

PLACE BOIELDIEU, N. 3

(Autrefois des Italiens)

Les Mercredi 27, Jeudi 28, Vendredi 29 et
Samedi 30 Décembre 1854,

s'il y a lieu, à midi précis

Par le ministère de Mᵉ **DELBERGUE CORMONT**,
Commissaire-Priseur, rue de Provence, 8,

Assisté de M. **VIGNÈRES**, marchand d'Estampes,
quai de l'École, 30,

Chez lesquels se distribue le Catalogue.

EXPOSITION PUBLIQUE

Le Mardi 26 Décembre 1854, de midi à trois heures.

PARIS

MAULDE & RENOU

IMPRIMEURS DE LA COMPAGNIE DES COMMISSAIRES-PRISEURS
Rue de Rivoli, 114.

1854

ORDRE DES VACATIONS.

1re VACATION. — *Mercredi 27 décembre.*

258 à 262	348 à 358
106 à 112	120 à 145
1 à 11	248 à 251
31 à 41	18 à 24
50 à 60	191 à 199
161 à 175	263 à 271

2e VACATION. — *Jeúdi 28 décembre.*

176 à 190	272 à 281
12 à 17	200 à 207
42 à 49	~~283 à 287~~
331 à 347	113 à 119
80 à 105	

3e VACATION. — *Vendredi 29 décembre.*

208 à 247	252 à 257
25 à 30	61 à 79
298 à 330	146 à 160

CONDITIONS DE LA VENTE.

La vente se fera au comptant.

Cinq pour cent en plus des enchères applicables aux frais.

M. Vignères, faisant la vente, se chargera des commissions.

DÉSIGNATION

DES ESTAMPES

1. **ALAERT** (Nicolas). La Vierge assise tenant l'Enfant-Jésus de la main gauche : elle est entourée d'auréoles, dans un rond soutenu par des Syrènes. Saint-Antoine. Vénus sur les eaux, 2 épreuves. Ces pièces sont inconnues à Bartsch, ainsi qu'une arabesque au milieu de laquelle est une cuirasse ailée surmontée d'une tête de taureau, au dessus deux Dauphins. Hauteur 125 millimètres largeur 25. Le soldat succombant sous la mort (39). Belle. Les deux hommes et la femme endormie (41). Cet article sera divisé. 7 pièces.

2. **ALDEGRAVER** (Henri). Tarquin et Lucrèce (64). Tisbé (102), superbe, mais rognée par en haut. La Fortune (143), rare, 3 pièces.

3. **ALION** (Le maître au monogramme J. G.). Samson. Pièce inconnue à Bartsch et décrite par Robert Dumesnil sous le n. 1, tome 7, page 20.

4. **ALTDORFER** (Albert). Jésus-Christ et la Vierge, 1519 (9). Saint-Jérôme (22). La religieuse (24). *Bois.* Le sacrifice d'Abraham (41). La Résurrection (47). 5 pièces.

5. **ANONYME**. Portrait d'homme en pied, le chapeau à la main ; manière noire. Avant toute lettre.

4

6. **ANONYME** (sans monogramme). Un soldat arrêtant par la
bride le cheval d'un porte enseigne (13), t. X, page 148. Un
porte-enseigne tournant sa tête vers la gauche (15), t. X,
p. 149. Danse de dix enfants (9), t. X, p. 143. Trois couples
d'enfants dansant au son d'instruments que jouent trois
autres (10), tome X, page 143. Un soldat debout adossé
contre un arbre (11), tome X, page 147, 5 pièces.

7. **ANONYME** sans monogramme. Apollon dansant avec les.
Neuf muses (2), tome X, page 133. Combats d'hommes
nuds. Chasse au lion, pièce ronde, 3 pièces.

8. **ANONYME**, sans marque, non décrit. La Vierge immaculée ; elle est debout sur un croissant, ayant sur le bras
gauche l'Enfant Jésus enveloppé dans son manteau ; de la main
droite elle tient un sceptre. Sa tête et son corps sont en-
tourés d'auréoles. Hauteur 62 millimètres, largeur 44.
Très jolie petite pièce.

9. **ANONYME** au monogr. A. C. H. tome VIII, page 539.
Bacchus (1), Adam et Eve, Judith, la Force, la Tempé-
rance, la Foi, la Justice, la Prudence, Vénus et l'Amour.
Ces huit pièces sont inconnues à Bartsch et à Brulliot, 9 p.

10. **ANONYME** au monogr. A. E. H. t. 9, p. 21. Judith (1).
Hercule (2), les deux seules pièces connues, Samson (2),
monogramme B. M., t. 9, p. 79, 3 pièces.

11. **ANONYME** au monograme A. E. H. R. S. réunies, t. 9,
p. 232. Le retour de l'Enfant prodigue, voir Brulliot, 294,
1re partie.

12. **ANONYME** au monogramme A. M. S. et N. R. T. Brulliot, 625, 1re partie. Bacchanale ; eau forte dans le goût de
Podesta. Belle et rare.

13. **ANONYME** au monogramme A. N. R., t. 7, p. 545,
Adam et Eve. Adam assis à gauche regarde Eve qui est
debout devant lui ; la marque est au bas à droite.
La Vierge et l'Enfant-Jésus. Assis sur un banc au milieu de l'estampe, la Vierge tient l'Enfant-Jésus debout sur

ses genoux, elle est tournée vers la droite, dans le fond est
un château fort. La marque est à mi-hauteur à gauche.

Jésus-Christ sur la croix. Vu presque de face il est
tourné vers la gauche. Saint-Jean est debout à droite et les
Saintes-Femmes prient à gauche; derrière elles, vers le bas,
est la marque inconnue a Bartsch, voir Brulliot, n. 646,
1re partie, p. 83, 3 pièces.

14. **ANONYME** au monogr. A. S. t. 9. p. 50. La Fortune (1),
la Justice (2), l'Amour (3), seules connues, 3 pièces.

15. **ANONYME** au monogramme B. H. M. Le Christ en croix
entre les deux larrons. Brulliot 992, 1re partie, décrit cette
pièce; mais il indique la marque de l'artiste au bas à droite
tandis qu'ici elle est en haut à gauche.

16. **ANONYME** au monogramme C. dans un G., t. 9, p. 17.
L'Ours (6). Un jeune homme tourné vers la droite embrasse une jeune dame debout devant lui. Un homme
avancé en âge, conduisant une dame; ils se dirigent vers
la gauche. La main droite élevée un homme conduit une
dame vers la gauche, ils sont vus de profil l'un et l'autre.
Le monogramme et l'année sont au haut de la droite à cha-
cune de ces trois pièces qui ne sont pas décrites, par Bartsch «.
4 pièces.

17. **ANONYME** au monogramme E. H. M., t. 9, p. 15. *La*
Vierge Immaculée, debout sur le croissant; elle tient l'Enfant-Jésus sur son bras gauche et un sceptre de la main
droite; sur sa tête est une couronne étoilée et elle est au
milieu d'auréoles. La marque est en bas tout-à-fait à gauche, non décrite par Bartsch ni par Brulliot. Cette petite
pièce est très rare. *Ecce Homo,* avec les instruments de la
Passion, également non décrite. 2 pièces.

18. **ANONYME** au monogramme E. N. R. Les chanteurs,
copie du 468 de Raimondi. Brulliot contredit Bartsch qui
attribue cette pièce à Ciamberlano.

19. **ANONYME** au monogramme G dans un C, t. 9, p. 16.
Suite des planètes. 7 pièces.

20. **ANONYME** au monogramme J. H., t. 15, p. 492. Le soldat frappant l'homme nud (2). Brulliot, 1511, 2ᵉ partie. p. 195.

21. **ANONYME** au monogramme I. ▣. V., t. 16, p. 372. Vénus dans un char conduit par deux cygnes (3).

22. **ANONYME** au monogramme I. W. et R. V. t. 9, p. 166, Brulliot, 2731, 1ʳᵉ partie. Sujets d'architecture, d'après un dessinateur dont le nom est resté inconnu. Nous avons une pièce de plus que celles décrites par Bartsch. Un temple rond à quatre faces; ce qui confirme le dire de Brulliot, que la suite décrite n'est pas complète. 11 pièces.

23. **ANONYME** au monogramme J. V. M. *Annonciation* (1744). Brulliot, 2ᵉ partie, p. 226. Bartsch la décrit dans son appendice de l'œuvre d'Israël Mecken. n. 9. Adam et Eve, t. 9, p. 485. Anonyme non décrit. Annonciation aux bergers, jolie pièce non décrite. 3 pièces.

24. **ANONYME** au monogramme M. P., t. 9, p. 567. Les travaux d'Hercule (3 à 15). Manquent les nᵒˢ 3 et 13. 11 pièces.

25. **ANONYME** au monogramme R. A. Sainte-Famille. Brulliot, 2383, 2ᵉ partie.

26. Anonyme au monogr. R. B. et R. v B. Adam et Eve, Abraham et Isaac, Judith assise, Judith debout avec sa servante, saint Jérôme, sainte Madeleine, diverses allégories, etc. Vignette (10). Les Petits Vendaugeurs, d'après Raphaël (Brulliot, 2388 a, 2ᵉ partie, p. 327). 13 pièces.

27. Anonyme au monog. RR. t. 8. p. 551. Judith (1), Esther (2). 2 pièces.

28. Anonyme au monogr. S t f. Tentation de saint Antoine, très jolie pièce, avec le nom de Mariette. (Brulliot, 2589, 2ᵉ partie, la donne à Tobie Stimmer).

29. Anonyme au monogr. W surmonté d'un C, t. 8, p. 18. L'Enseigne (1). Un homme de distinction et un soldat : ce dernier, appuyé sur sa hallebarde, vu de profil, regarde à droite un homme en manteau vu de face. La marque est au

milieu du bas de la planche. Inconnu à Bartsch et à Brulliot, plus un porte-drapeau (1521) et un paysan appuyé sur un bâton. 4 pièces.

30. Anonyme au monogr. Z. B. M. 1557 (Brulliot, 2787, 2ᵉ partie). Les Sciences qui éclairent l'esprit de l'homme. Très belle épreuve.

31. **ANDREA** (Nicolas). Gilles de Noailles, 1578. Constantinople. Portrait rare.

32. **ANDROUET DU CERCEAU** (Jacques). Meubles, vases, grotesques et ornements pour soucoupes. 88 pièces. Cet article sera divisé.

33. **AUDRAN** (Gérard et Benoist). David dansant devant l'arche ; Bignon, d'après Vivien, 1703, 1ᵉʳ état ; les Sciences et les Arts protégés par Vénus, d'après Tournières, 3 pièces.

34. **BAADER** (Amalie). Deux portraits de femmes à l'eau forte, et une autre pièce, deux têtes d'homme sur la même feuille, avec le monogr. A. B. 3 pièces.

35. **BAAN** ou **BAEN** (Jean Van). Incendie de l'Hôtel-de-Ville d'Amsterdam. 1ᵉʳ état.

36. **BAILLIÉ** (Guillaume). Les Disciples d'Emaüs, d'après Rembrandt.

37. **BALECHOU** et **BONATO**. La Force, d'après Nattier ; Vénus jouant avec l'Amour, d'après Palme, le jeune. 2 pièces.

38. **BARRIÈRE** (Dominique). Bataille près de Bommel, Tiré de *Fabien Strada*. Deux autres tirées du même ouvrage par F. Collignon, non décrites. Rares. 3 pièces.

39. **BARY** (Henri). La duchesse de la Valière, avant le nom des artistes et l'adresse de Clément de Jonghe. L'*Eté et l'Automne*, d'après Van Dyck ; *le Vin rend insolent*, d'après Mieris. 3 pièces. 2 lots.

40. **BAS** (Jacques-Philippe le). Recueil de chiens, d'après Desportes. Belles épreuves. 10 pièces.

41. **BAS** (Philippe le). L'Hiver, d'après Lancret ; les Bains de Vaucluse, d'après Polembourg, avant toute lettre ; la fraîche

matinée et la belle après dinée, d'après Dujardin ; Bataille de Lutzen ; Ruines de Lisbonne. Pièces tirées des cabinets Choiseul et Praslin. 24 pièces. Cet article sera divisé.

42. **BAUR** ou **BAUER** (Jean-Guillaume). Jardins et vues de Rome. 4 belles pièces. Batailles et Siéges faisant partie de *Strada de bello Belgico.* 7 pièces. Deux lots.

43. **BAUSE** (Jean-Frederic). Tête de vieillard et celle d'une vieille femme, d'après Rembrandt. 2 pièces.

44. **BEATRICET** (Nicolas). Conversion de saint Paul, d'après Michel-Ange ; Statue équestre de Marc-Aurèle ; Combat contre les Daces ; Bas-Relief de l'arc de Constantin. Belle épreuve. Rare. 3 pièces.

45. **BEGA** (Corneille). Les Caresses mal reçues (24) et une autre d'après ; plus l'Homme à la ratière, de Dassonville. 3 pièces.

46. **BÉHAM** (Barthélemy). Judith (2), Judith (3), très belle et la copie non décrite ; Judith (4), saint Christophe, 1er et 2e état, plus une copie ; Lucrèce (15), l'Enfant et le Chien (30). Belle. 9 pièces. Sera divisé.

47. **BÉHAM** (Jean-Sébald). Adam et Eve (1-2), 2e état, Adam et Eve (3-4), trois 2e état et quatre 1er état. Loth et ses filles (9), la Vierge immaculée (17), belle ; la Vierge assise (18), très belle ; le petit Jésus (22), l'Homme de douleurs (26), 28 et sa copie ; 29, belle ; suite 36 à 42, belle ; saint Jérôme (59), Régulus (71), l'Annonciation aux bergers (66), eau forte ; l'Amour (93), copie du 95 ; la Charité (137), belle ; la Mélancolie (144), elle est avant l'année 1539 ; plus une copie non mentionnée ; l'Impossible (145), 2e état (172) (179) ; l'Enseigne, le Tambour et le Fifre (198). 1er état ; le Porte-Enseigne et le Tambour (199) ; Buste de femme (204), 2 épreuves ; Adam et Eve, cette estampe, qui est très belle, est classée dans les douteuses. 35 pièces. Cet article sera divisé.

48. **BEICH** (François-Joachim). Deux suites de Paysages en hauteur et en largeur, 14 pièces. Cet article formera deux lots.

49. **BEISSON** (François-Joseph-Étienne). David tenant la tête de Goliath, d'après Guido Reny; épreuve du 1ᵉʳ état avant la lettre. Paisiello, d'après Vigée Le Brun, épreuve avant la lettre. 2 pièces.

50. **BELLE** (Étienne de la), Sainte-Famille, Jacob quittant sa patrie pour voir Joseph, Château-Saint-Ange, Chasse au cerf, Paysage, Marines, Animaux, Vue du pont Neuf, 23 pièces.

51. **BEMEL** (Pierre Van). Suite de Paysages, en largeur. 5 pièces.

52. **BERGHEM** (Nicolas). La Vache qui pisse (2), le Pâtre jouant du flageolet (6). Les nᵒˢ 14, 15, 16, etc. 8 pièces.

53. **BIN** (D.) ou **DBIN**, graveur français, vers 1660 à 70. Marines très spirituellement gravées. Les nᵒˢ 2 et 9 de la suite. 2 pièces.

54. **BINK** (Jacques). La Vierge assise tenant l'Enfant-Jésus de ses deux mains; elle est couronnée par un ange. Portrait d'homme que nous croyons celui de J. Binck; plus Judith coupant la tête à Holopherne (Brulliot, 958, 1ʳᵉ partie), par Isaac Bruno l'ancien. Bellone, avec tous les attributs de la guerre, par Brunn le jeune. Toutes ces pièces non décrites par Bartsch. 4 pièces.

55. **BISCAINO** (Barthelemy). Le petit Sauveur (14). Pièce rare.

56. **BLOEMAERT** (Corneille). La Sainte-Famille aux lunettes, d'après Carrache, 1ᵉʳ état, mais rognée. La Madeleine, d'après Ab. Bloemaert. 2 pièces.

57. **BLOTELING** (Abraham). Le cavalier Moelman, d'après Netscher et Wouwermans. Belle, mais rognée.

58. **BOEL** (Coryn ou Quirin). La Résurrection du Lazare, d'après Palme le vieux; et le Médecin, d'après Teniers. 2 pièces.

59. **BOIS** des xve et xvie siècles. Ancien et Nouveau Testament, Saints, Portraits, etc. Cet article sera divisé.

60. **BOISSIEU** (Jean-Jacques de). Suite de dix Paysages, papier de Chine ; la Leçon de botanique, trois épreuves ; les Chats, papier de Chine ; le Maréchal ferrant ; l'Isle Barbe ; Temple de la Sibylle, etc., etc. Plus une pièce non mentionnée que nous croyons de Boissieu ; elle est signée dans le bas à droite du chiffre ordinaire du maître. 22 pièces. Cet article sera divisé.

61. **BOL** (Ferdinand). L'Astrologue (8). Rare.

62. **BOLSVERT** (Schelte). Sainte Thérèse implorant Notre Seigneur pour l'âme de Bernard Mendozi.

63. **BONASONE** (Jules). Dieu créant Eve (1) ; la Vierge assise dans un paysage, d'après Parmesan (55) ; Scipion blessé (84) ; Silène monté sur un âne (88), deux épreuves ; deux Satires amenant Silène (89) ; Bacchus couché sur un char (90) ; les termes du Dieu Silvain et d'une Nymphe (165) ; la Coupe de Pharaon, copie ; le dieu Pan assis près d'une nymphe (170). 10 pièces. Cet article sera divisé.

64. **BONIFACIO** (artiste sur lequel on n'a pas de renseignements). La Vierge assise à gauche tient dans ses bras l'Enfant-Jésus debout sur elle ; le petit saint Jean est à droite, soulevé par un ange. Cette pièce est gravée avec tout l'esprit d'un peintre. Elle a appartenu à M. Robert Dumesnil.

65. **BONZI** (Pierre-Paul), porté par Bartsch à *Cavedone*. La Sainte-Vierge (2) ; le Baptême de Jésus-Christ (3). Voir Brulliot, 1re partie, 830. 2 pièces.

66. **BOS** ou **BUS** (Corneille). Statue équestre de Marc-Aurèle ; Loth et ses filles ; un Homme et une Femme qui dansent ; un Enfant nud tenant d'une main un oiseau et de l'autre une grappe de raisin ; un Amour debout sonnant de la conque marine ; Fête à Bacchus, en deux feuilles, incomplet. 7 pièces.

67. **BOSSE** (Abraham). La vénérable mère Jeanne Asolu ; le cardinal de Richelieu ; Raphaël Dufresne. 3 pièces.

68. **BOSSE** (Abraham). La Vierge et l'Enfant-Jésus, d'après
Stella. Pièces pour le roman d'Ariane, d'après Vignon.
Costumes, cris de Paris; Michel Larcher, avant la lettre,
et un autre avec la lettre. Callot. 26 pièces. Cet article sera
divisé.

69. **BOSSE** (L.). Boucher, d'après Roslin.

70. **BOTH** (Jean). Le Chariot attelé de bœufs (2), deux épreuves; le grand Arbre (3), l'adresse effacée; le Trajet (7); les
Pêcheurs (9), 2ᵉ état. 5 pièces.

71. **BOULOGNE** le père (Louis de). Christ mort, entouré
des saintes femmes et de ses disciples (5. R. D.).

72. **BOYVIN** (René). L'Ignorance vaincue (16. R. D.), d'après
maître Rous; Vénus et l'Amour (30. R. D.), d'après Luc
Penni; Clément Marot (113. R. D.); Martin Bucer et Jean
Hus (103 et 108. R. D.). 5 pièces. Deux lots.

73. **BRASSER** (Léonard). La fille de Pharaon trouvant le
jeune Moïse; Paysage à l'eau forte, 1ᵉʳ et 2ᵉ état; l'ange
Raphaël et le jeune Tobie; autre Paysage à l'eau forte.
3 pièces rares.

74. **BREBIETTE** (Pierre). Diane et Minerve s'enfuyant aux
approches de Bacchus et de sa suite, grande pièce avec le
nom à la pointe et huit vers; saint Jérôme, 1ᵉʳ état; Amours
faisant souffrir un Satyre suspendu à un arbre; Femme se
versant du vin tandis qu'une autre frappe sur un gril avec
une pincette; plusieurs Frises; saint Sébastien et sainte
Irène (Brulliot, 1ʳᵉ partie, 871). 8 pièces. Deux lots.

75. **BRÉEMBERG** (Bartolomée). Suite de six pièces très
rares, citées au Catalogue Rigal; elles proviennent de la collection Fumée. Plus deux autres pièces. Catalogue Rigal.
8 pièces.

76. **BRINCKMANN** (Philippe-Jérôme). Paysage où l'on voit
un moulin et une chaumière; sur le devant un grand arbre
et quelques figurines. Eau-forte très rare et très recherchée. In-8.

77. **BROECK** (Barbe Van den). Le Jugement dernier, d'après son père. Grande pièce en hauteur. Rare. Voir Brulliot, 3ᵉ partie, n. 186.

78. **BROSAMER** (Jean). Dalila et Samson (1). Salomon adorant les idoles (2). Bethsabée au bain (3). Jésus-Christ à la croix (5). Marc Curce (8). Lucrèce (9). L'enlèvement d'Hélène (10). Le Jugement de Pâris (12). Vénus et l'Amour (13). Hercule étouffant Anthée (14). Laocoon (15). Le baiser (16). Le mari subjugué par sa femme (18). Le combat (19). Cet article pourra être divisé. 14 pièces.

79. **BRUN** (François). Brulliot, 892, 1ʳᵉ partie. Sujets militaires : les soldats (37 à 52). Le canonnier (53). Les escrimeurs (55 à 58). Plus deux doubles et deux non décrits. Les soldats en marche (62). Les noces village (63, 66, 67, 68, 71, 72). Les paysans ivres, 2ᵉ planche (76). Les villageois et les musiciens (77). Les bouffons (83 à 86). Les culottes disputées (87). Deux hommes et deux femmes turcs (89). Dix lapins en différentes attitude (104). Un petit paysage représentant une chasse, non décrit. Cet article sera divisé. 42 pièces.

80. **BURNET** (J.) La lettre d'introduction, d'après Wilkie.

81. **BRY** (Théodore de). Soucoupe de l'orgueil et la folie, tête à double sens représentant d'un côté un pape et de l'autre le démon. Epreuve du 1ᵉʳ état qui a été changée ainsi qu'on la trouve aujourd'hui. Belle pièce très rare et très curieuse. Danse de cavaliers et de dames. Danse de paysans et de paysannes. Le triomphe du Christ. La fontaine de Jouvence. Le grand alphabet, moins l'x et l'y. Frontispice Bibliotheca chalcographica et divers ornements. Cet article sera divisé. 31 pièces.

82. **CABEL** (Adrien Van der). Saint Jérôme (51), 1ᵉʳ état avant l'adresse.

83. **CACCIANEMICI** (Vincent). Diane allant à la chasse (Brulliot, 2639, 2ᵉ partie).

84. **CALLOT** (Jacques). Le triomphe de la Sainte-Vierge, avant le nom de Silvestre. La tentation de Saint-Antoine, avec l'adresse. Combat de Veillane en Piémont, 1630, avec le portrait du marquis d'Effiat. Louis de Lorraine, prince de Pfaltzebourg. La luxure et la paresse avant les numéros. Plusieurs avec le nom de Mariette. 6 pièces. Deux lots.

85. **CARPIONI** (Jules). Saint-Antoine de Padoue (11). La Vierge et l'Enfant-Jésus, par F. Curti. 2 pièces.

86. **CARRACHE** (Augustin). La Sainte-Vierge, d'après Jacques Ligozzi (34). Le corps mort du Christ, d'après Paul Véronèse (102), 1er état, mais doublée et défectueuse. Suzanne surprise au bain (124), rognée par le haut. Les armes du cardinal Peretti (176), 1er état. Superbe Persée descendant de l'Olympe (122), 2e état. 5 pièces.

87. **CARRACHE** (Annibal). La Vierge à l'Hirondelle (8), fortement rognée par en bas. La Vierge à l'Écuelle (9), avant l'adresse de Van Aelst. Belle et bien conservée. La Sainte-Famille (11), 1er état, avant le nom de Rossi. 3 pièces.

88. **CAUKERCKEN** (C.). La Charité, d'après Van Dyck.

89. **CHAPRON** (Nicolas). Le Faune et sa famille (57, R. D.), 1er et 2e état. Vue d'un embrasement par Pierre Chedel. Brulliot dit que les eaux-fortes de ce maître sont estimées. 3 pièces.

90. **CHARLET** (N.). La boule de neige. Les Français après la victoire. C'est mon père! c'est mon père! Le laboureur nourrit le soldat. Au commandement pas d'observation. Doucement la mère Michel, etc., etc. Eaux-fortes, plusieurs pièces inédites, diverses suites. Presque toutes anciennes épreuves. 160 pièces. Cet article sera divisé.

91. **COLLAERT** (Adrien). Les douze mois, d'après Jean Bol. Pièces rondes. 12 pièces.

92. **COLLAERT** (Jean). Pièce allégorique représentant une jeune femme consultant un sorcier; derrière elle est un homme mangeant un œuf. Pièce rare et curieuse.

93. **COLOMBO** (Aurelio). Le massacre des innocens, d'après Raphaël. Belle copie d'une estampe de Marc-Antoine.

94. **CONSTANTINO** ou **COSTANTINI** (Jean-Baptiste). Silène ivre, monté sur un âne, soutenu et fêté par des satyres, dans un entourage formé de deux ceps de vigne, d'après Le Guide. Deux épreuves dont une 1er état, avec l'adresse de Claude Augustin Mariette. Rare. 2 pièces.

95. **COOPER** (Richard). La maîtresse de Rembrandt, d'après Rembrandt, avant la lettre. L'inscription dans la marge du bas est à la main.

96. **CORT** (Corneille). La Madeleine, d'après Le Titien, 1566. Tarquin faisant violence à Lucrèce, d'après le même, 1571. Sculpture du tombeau des Médicis, d'après Michel-Ange, 1570. 3 pièces.

97. **COURTOIS** (Jacques), dit le Bourguignon. Suite de scènes militaires, de 1 à 8, manque le 3, il y a en plus le n. 5, 1er état avant le nom et le numéro. Suite. Rare. 8 pièces. Prise d'Oudenarde. Combat de Steenberg. Prise de la ville de l'Écluse (13, 14, 15 R. D.). Ces trois pièces font partie de *Fabien Strada* Cet article formera deux lots.

98. **CROZIER** (J.-P.). Offrande à Bacchus (3), R. D. La pièce la plus estimée du maître. Baptême de Notre-Seigneur. Eau-forte par Antoine Coypel (4, R. D.). 2 pièces.

99. **DADO** (le maître au dé). Cibèle sur son char (18). Les fleuves consolant Pennée (22). Sacrifice de Priape (27). Deux épreuves et deux copies. Frise à l'enfant sur une chèvre (36). Triomphe de l'Amour (37). Triomphe de Scipion (74). Le Phénix (76). Combat naval (78). 11 pièces. Cet article formera deux lots.

100. **DANCKERTS**. Jacob Wassenaer dans un ovale historié; au dos le nom de Mariette, Marot, dans un encadrement ornementé par Debrie, en 1729. 2 pièces.

101. **DAVEN** (Léon), ou Léonard Thiry. Diane se reposant des fatigues de la chasse (39). Vue d'une fontaine au mi-

lieu de quatre colonnes. Sur le devant à gauche Diane couchée sur un cerf (non décrite par Bartsch). Grand mausolée en ruine sous lequel on voit un personnage sur un tombeau. Auprès sur la droite s'élève une pyramide (non décrite). 3 pièces.

102. **DEMARNE** [Jean-Louis]. Paysages, animaux, scènes champêtres et familières, à l'eau-forte et une lithographie. 32 pièces.

103. **DENON** (Dominique-Vivant). Résurrection du Lazare, d'après Le Guerchin. Deux épreuves du Tintoret dont une sur Chine. Mendiants et études diverses. 14 pièces.

104. **DENTE RAVIGNANO** (Marc). Le massacre des innocents (21). Entellus et Darès (195). L'Amour s'enfuyant par mer (219). Les bas-reliefs antiques (220, 2 épreuves, 221 et la copie, 222, 225 et 227). Le jugement de Pâris (246). Belle Vénus blessée par l'épine d'un rosier (321, 2 épreuves). Vénus et l'Amour portés sur des dauphins (324). Les amours de Jupiter et de Sémèle (338). Rare. Laocoon (353). Les trois animaux dans un ovale (405). La cassolette (490). 18 pièces. Cet article sera divisé.

105. **DESROCHERS** (Etienne). Gilles Ménage, avant la lettre.

106. **DIETTERLIN (Wendel)**. Suite de cariatides et termes, y compris le titre. 15 pièces.

107. **DOLENDO** (Zacharie). Suite des planètes. 7 pièces.

108. **DREVET** fils (Pierre). Abraham prêt à sacrifier son fils, d'après Coypel. L'archevêque de Tressan, avant la lettre, d'après Van Loo. La Bruyère, Bertin, avant la lettre et autres. Deux lots. 8 pièces.

109. **DU JARDIN** (Carle). Les n°s 1, 18, 20, 43, 47 à 50, 2e état et plusieurs copies. 16 pièces.

110. **DUNKARTON** (Robert) et C. Wilkin. Portrait de femme, d'après Van Dyck. Duchesse de Rutland, d'après Hoppner. 2 pièces.

111. **DUPIN** (Pierre). J.-B. Rousseau, d'après Aved, avant toutes lettres et l'encadrement. Desjardins, avant la lettre. 2 pièces.

112. **DUPLESSI-BERTAUX** (Jean). Sujets historiques de la révolution de 1789, des guerres d'Italie, portraits, costumes, etc., etc. Un assez bon nombre sont d'états différents. Cet article sera divisé. 60 pièces.

113. **DURER** (Albert). Le groupe des quatre femmes nues (75). La grande fortune (77). Copie du 96 et une suite de 37 pièces. Copies de la Passion en bois. Deux lots. 40 pièces.

114. **DURER** (Albert). Bois. Les trois rois (3). 2 épreuves. La Cène (53). 1er état. *Vie de la Vierge* (76 à 95). Suite complète du 1er état. La Sainte-Famille (96). Autre Sainte-Famille (97). Vierge assise (99). Vierge assise, l'Enfant-Jésus sur le bras gauche (101). Saint-Etienne avec deux deux évêques (109). Saint Jean-l'Évangéliste (112). Saint-Jérôme dans une grotte (113). Saint-Jérôme dans sa cellule (114). Jésus apparaissant à Saint-Grégoire (123). Hérodiade recevant la tête de Saint-Jean (126). Le rhinocéros (136). Dédale (143). 2 épreuves dont une avant le chiffre. La Vierge assise sur un banc de gazon (13). De l'appendice, 1er état. Cet article sera divisé.

115. **DUSART** (Corneille). La ventouse (12). Le cordonnier renommé (14). Ces deux pièces sont avant l'adresse de Gole. La fête de village (16). Cette belle pièce est la plus considérable de l'œuvre du maître. 3 pièces.

116. **DYCK** (Daniel Van den). La Vierge tenant l'Enfant-Jésus dans ses bras. Très jolie eau-forte de sa composition.

117. **DYCK** (Antoine Van). Le Christ au roseau, avec aquaforti. 3 épreuves. La maîtresse du Titien, avant l'adresse de Bonenfant. Jacob de Momper, avant l'adresse de Gilles Hendrick. Belle marge. Cet article sera divisé. 5 pièces.

118. **EDELINCK** (Gérard). Arnauld (141). Carcavy (163). Christine de Foix, carmélite (195). Scevole de Sainte-Mar-

the (309). Eustache Teissier (335). Daniel Schrader (317), etc., etc. Plus Nicolas Malbranche, par N. Edelinck, d'après Santerre. Ces numéros sont ceux de R. D. Cet article sera divisé. 16 pièces.

119. **ELLENRIEDER** (Marie). Nicolas Poussin et plusieurs autres portraits, d'après Titien, Rembrandt, etc., etc. 5 pièces.

120. **EVERDINGEN** (A. Van). Paysages nᵒˢ 1 et 2. Plusieurs autres petits paysages par divers. 12 pièces.

121. **FACCINI** (Pierre). Quatre mendiants dont deux sont bossus. Pièce très rare. Un enfant assis à terre et un forgeron assis, travaillant devant une enclume. Rares. 3 pièces.

122. **FAC-SIMILE** de dessins du cabinet Crozat et autres.

123. **FAC-SIMILE** d'estampes les plus anciennes. 41 pièces.

124. **FAITHORN** père et fils. Thomas Stanley, d'après Lély. Guillaume Oughtred, très joli portrait gravé dans le goût de Hollar. Deux enfants dans un paysage, l'un sert des fruits à l'autre, d'après Lély. Portrait de femme, par Fisher, d'après Reynolds. 4 pièces.

125. **FAVART** (Charles-Antoine). Sacrifice d'Abraham, d'après Jules Romain. Sainte-Famille, d'après Le Pérugin. Deux autres Sainte-Famille, d'après Raphaël, etc., etc. Eaux-fortes de différents beaux dessins de la collection du duc Albert de Saxe-Teschen à Vienne. 6 pièces.

126. **FICQUET** (Etienne). Corneille, ancienne et belle épreuve et moderne. 2 planches. Madame de Maintenon, papier double. Saugrain. 2 pièces. 2 lots.

127. — Arouet de Voltaire. Crébillon. Descartes, 2 épreuves. Lafontaine, 6 épreuves de 3 états différents. Comte de Harcourt. Molière, 2 épreuves. Arnaud d'Ossat. J.-B. Rousseau. Samuel. Silva. Comte de Toulouse. Vadé. Le Vayer. Plus un portrait inconnu. 21 pièces. Cet article sera divisé.

128. **FLAMEN** (Albert). Saint André à la croix, vu de face (7). Avant les numéros et les vers : divers emblèmes 213, 226, 231, 237, 250, 251, 254 sans texte au verso : diverses espèces d'animaux 389, 392, 393, 394, 396, 397, 398, 399, 400, 401. 1er état avant les numéros, plus les copies des 398 et 400, 537. 1er état. 408, 495 et 502 (R. D.). 24 pièces. Cet article sera divisé.

129. **FLIPART** père (Jean-Charles). Madeleine pénitente, d'après Le Brun. Avant les noms.

130. **FLORIS** (François). La Victoire entourée d'une quantité de trophées et de prisonniers. La seule pièce connue de ce maître. Brulliot. 1821. 1re partie.

131. **FOCK** (Herman). Paysage à l'eau forte, jolie pièce.

132. **FOKKE** (Simon). Patineurs sur la glace, d'après Henri Van Averkam. Rare.

133. **FORSTER**. La Nativité, d'après Annibal Carrache. Hérodiade recevant la tête de saint Jean dans une coupe, d'après Césari da Costa. 2 pièces.

134. **FRIZ** (Antoine). Mariage de Jacques III avec Marie Casimir Sobieska, d'après Masucci (Auguste). Epreuve curieuse sur parchemin, intéressante pour l'histoire.

135. **FRUYTIERS** (Philippe). Ambroise Capello, peint et gravé par lui. Belle épreuve.

136. **FULCARUS** ou **FURCK** (Sébastien). Le Jugement dernier, d'après Michel-Ange. Brulliot. 2067. 1re partie.

137. **FYT** (Jean). Le n° 6 de la suite des chiens (14). 1er état. Belle épreuve mais en mauvaise condition.

138. **GALESTRUZZI** (Jean-Baptiste). Mercure apportant à Paris la pomme d'or (40). Belle épreuve avec marge.

139. **GARNIER** (F.). Pozzo-di-Borgo, d'après Gérard. Avant toute lettre, papier de Chine.

140. **GAUERMANN**. Paysages et animaux. 6 pièces.

141. **GAULTIER** ou **GALTER** (Léonard). Les Cyclopes forgeant la foudre, d'après Jean Cousin. ~~Henry le Grand~~, Louis XIII enfant, et Henry de Bourbon, prince de Condé. 3 pièces.

142. **GELLÉE** (Claude), dit le Lorrain. Le Passage du gué (R. D. 3). 1er état. Gros papier. Elle a appartenu à divers collecteurs en 1806, 1812 et 1829, comme on peut le voir au verso.

143. **GÉRICAULT** (Jean-Louis-Théodore-André). Etudes de chevaux lithographiés. 4 pièces.

144. **GREIN** le jeune (Jacques de). Triton à demi-figure qui souffle dans une coquille ou conque et sainte Agathe. 2 pièces.

145. **GHENDT** (Emmanuel de). Scènes champêtres, d'après Loutherbourg. Scènes familières, d'après Moreau et Marillier. 6 pièces.

146. **GHISI** (Jean-Baptiste). La Vierge allaitant l'enfant Jésus (1). La Vierge debout sur un croissant (4). Jésus ressuscitant et sortant du tombeau (5). L'Amour endormi (8), 2 épreuves. L'Amour jouant du clavecin (10). Le fleuve Pô (19), 2 épreuves. 8 pièces. Cet article sera divisé.

147. **GHISI** (Georges). Marius à Minturnes (26). Vénus assise près de Vulcain (35). Hercule victorieux (44). Le Jugement de Pâris (60), très beau. La calomnie accusant l'innocence (64). Une jeune femme assise dans un bateau (65), et une bonne copie du n° 66. 7 pièces. Cet article sera divisé.

148. **GHISI** (Adam). Hercule assis près de Déjanire (10). Deux Amours montés sur des dauphins (13), 2 épreuves. Hercule vu par le dos (15). Homme nud (102). La servitude (103). 6 pièces.

149. **GHISI** (Diane). Amphion et Zéthus, groupe du palais Farnèse (37). L'appareil pour les noces de Psyché, grande estampe en trois parties (40). 4 pièces.

150. **GIMIGNANUS** (Hyacintus). 1647, La prise de Tournay (26). La bataille de Covenstcyn (27). t. 20, p. 209. Une autre bataille sans nom de maître. Tirées de *Fabien Strada*. 3 pièces.

151. **GIRARD** (François). Talma, d'après Gérard ; un autre, d'après Picot, par Lignon, avant toute lettre. 2 pièces.

152. **GIRARDET** (Abraham). Apothéose d'Auguste, d'après Bouillon. Deux épreuves avant la lettre, dont une non terminée.

153. **GOLDING** (Richard). La princesse Charlotte, d'après Thomas Lawrence. Lettre grise.

154. **GOLTZIUS** (Henri). Jean Boll, peintre, avec H. G., et un autre avec H. G. et H. h., exc. 2 pièces.

155. **GOLTZIUS** (Henri). L'Adoration des rois, dans le goût de Lucas de Leyde (19) ; la Nativité (21), état intermédiaire entre le 1er et le 2e ; la Prudence et la Simplicité (93), rare, les nos 161, 169, 170 deux fois, 198, 202, 210, 216, etc., etc.; le Triomphe de Galathée, d'après Raphaël. 21 pièces. Cet article sera divisé.

156. **GOUDT** (Henri de). L'Ange et le jeune Tobie, et Cérès cherchant sa fille. 2 pièces.

157. **GOYA** (François). Deux Nains de Philippe IV, d'après Vélasquez (142 143) ; Esope, Ménippe, Barberousse, aussi d'après Vélasquez. 5 pièces. Cet article sera divisé.

158. **GRATELOUP** (Jean - Baptiste). Dryden. Très belle épreuve.

159. **GUNST** (Pierre de). George-Auguste, prince de Galles.

160. **HABERT** (Nicolas). Arlequin le masque à la main ; Molière et Scaramouche. 3 pièces.

161. **HACKERT** (Jacques-Philippe). Vue de Normandie ; Paysage par de Hagedorn ; et Marine par Van der Harts. 3 pièces.

162. **HEATH** (Charles). Gentilhomme de la cour de Charles Ier, d'après Van Dyck, avant la lettre, papier de Chine.

163. **HECKIUS** (Abraham) ou **HECKIN**, orfèvre. Les Jeunes hébreux dans la fournaise. Pièce très rare, la seule connue de ce maître.

164. **HEIMLICH** (Daniel). Les nos 5 et 6 de la suite des six paysages montagneux, dédiés au baron Wurmser. 2 pièces.

No.	Désignation	Fr	c
		127	50
262	Potille Weigel	2	25
106	Set Wries Berard	7	..
108	Trevor...bugn Hardin	4	..
108	d.	1	50
108	d. Dodun Thiers	14	50
111	Sopie Nousson Thiers	5	..
39	Lavalier Crevy	30	50
40	Lebas Thiers	6	50
41	d°.	3	50
50	Labelle Thiers	2	..
58	Boel	1	..
169	Histoire 2p. lajas	10	50
169	d	2	..
170	Hoey Renouv.	6	..
172	Holland	1	50
175	Hopfer Berard	7	..
349	Weiss	1	..
350	Wilborn Weigel	12	..
126	figure Hardin	4	50
127	d. Durand	4	..
137	fyt	1	25
		127	50

No.	Désignation	Fr	c
139	Pozzo di Borgo Thiers	13	..
21	Anonyme Renouv.	9	25
22	Anonyme Berard	15	..
198	Latte...fith Crevy	24	..
269	M. Antoine	3	50
270	Read dela Jaritt	10	..
183	Jeuniet Thiers	6	..
188	Klauber	1	..
46	BBehun d Christ. Thiers	14	..
47	SBehun 36abt Thiers	15	..
333	Verbueq Weigel	5	..
335	Sirmond dela Jaritt	5	..
336	Vernet	2	50
339	Eatonnen Creuz	10	50
344	Watelet	3	50
81	Bry Joursoupe Thiers	12	..
81	2 Dames Thiers	14	..
81	2 fontaine...	6	..
81	2 dant titre Berard	3	..
81	3 ornenn Berard	5	..
81	alphabet Berard	20	..
		325	75

No.	Désignation	Fr	c
		325	75
84	2 Callot Thiers	5	50
91	12 Colaart	1	..
100	Danekont dela Jaritt	9	50
105	Menagen dela Jaritt	3	50
273	4 Rembrandt	2	..
273	Rembrand	8	..
275	Reverdinn Renouv	7	..
285	Rousselot	4	..
295	Bonneval	2	..
202	12 liefrinck Renouv.	3	..
202	9 liefrinck Renouv	1	..
114	le Brun Thiers	18	..
118	5 Edelinck	12	50
208	Maas Renouv	4	50
209	Malbeste Watelet	3	..
215	Masson Dauphin	10	..
215	Medavy	5	..
228	Moreau Dobie	13	..
230	Moorgen	4	..
237	Nauteuil 2p.	14	..
237	Nauteuil Ciom	36	..
		487	25

No.	Désignation	Fr	c
		487	25
298	Schmutts Law. Weigel	9	50
300	Schnuppn Thiers	33	..
303	J. Dual Renouv.	12	..
304	Lette Berard	13	50
308	Solis 6p. Berard	7	..
308	8p Berard	8	..
308	38 Carte Berard	16	50
308	6 p. Berard	8	50
309	dedon Givelet	3	..
330	Veen Thiers	15	50
256	Pitau Thiers	15	50
257	Pizzi Napolion	1	50
68	Bosse Vierge Easchen	15	50
74	Brebette Soleil	3	..
158	Grateloup Queck	30	50
	2 Gratelom	2	..
159	Guntz	3	..
160	Habent Soleil	15	..
		699	75
		35	00
		734	75

465. **HENNEQUIN** (Philippe). Le Français régénéré par la
Constitution. Allégorie de son invention.

466. **HESS** (Charles-Ernest, de Munich). L'Adoration des
rois, d'après Van Eick. Lettre non remplie, belle et rare.

167. **HEUSCH** (Guillaume de). Le grand Chevrier (3). Pièce
de la plus grande rareté, mais en mauvaise condition.

168. **HILLEGAERT** (Paul Van) et **J. JONCK-HEER.**
Les deux Chiens qui se battent (4) ; les trois Chiens (10 portant le n° 3).

169. **HISTOIRE.** Le marquis de Launay, gouverneur de la
Bastille, d'après Cagliostro ; et le Triumvirat patriote : Ro-
bespierre, Petion, Rœderer. Très rares. 2 pièces. Révolution de 1789 ; Plan et Démolition de la Bastille , etc., etc.
7 pièces. 2 lots.

170. **HOEY** (Jean de). Paysage à l'eau forte (Brulliot, 1re partie,
1570) ; Paysage avec des vaches, par Henri Hondius.
2 pièces.

171. **HOLBEIN** (Jean). Suite incomplète de la Danse de la
mort, imprimée des deux côtés. Epreuves anciennes.
11 pièces.

172. **HOLLAR** (Wenceslas). Portraits divers. 7 pièces.

173. **HOLLAR** (Wenceslas). Portraits et Habillements divers,
Animaux, Monuments, dont l'église cathédrale de Stras-
bourg, cathédrale d'Anvers, la Bourse de Londres. 44 pièces.
Cet article sera divisé.

174. **HOOGENBERG** (Jean-Nicolas). Charles Emmanuel,
duc de Savoie, à cheval. Très belle.

175. **HOPFER** (les). Sujets pieux, symboliques, profanes,
costumes, portraits, ornements, etc. 20 pièces. Cet article
sera divisé.

176. **HOPFINER** (Félix). Entrée de Mathias à Nuremberg,
le 9 juillet 1612 ; un aide-de-camp debout recevant les
ordres de son général, par Hugtenburg (31). Très belle.
2 pièces.

177. **HOUBRAKEN** (Arnold). Les Disciples d'Emaüs, 1er état, d'après Gersaint (n° 382); les Charlatans, par Houbigant; et le Port, de Christophe Furer, à l'âge de 69 ans, par Pierre Isselburg. 3 pièces.

178. **HOUBRAKEN** (J.). Balthasar Huydecoper; Thomas Wentworth, d'après Van Dyck; et John Pym, écuyer. 3 pièces.

179. **HUBERT** (F.). Henri IV, d'après Pourbus, 1610; L'Actrice d'Oligny, d'après Van Loo, par J.-J.-J. Huber, avant la lettre. 2 pièces.

180. **HYRE** (Laurent de la). La Vierge et l'Enfant-Jésus servis par des anges (R. D. 5), 2e état, avec l'adresse de Mariette.

181. **JANSON** (Jacob) et Pierre, son fils. Prairies où sont des vaches; deux de ces pièces sont presque carrées; elles sont avant les ciels et les fonds. 4 pièces.

182. **JANSSEN** (Gerhardt). Paysage, où l'on voit à gauche des paysans qui se reposent, et à droite, dans le fond, des ruines d'anciens monuments. Pièce assez rare gravée d'une manière particulière. Paysage en largeur par Augustin Hirschvogel (70). 2 pièces.

183. **JEAURAT** (E.). Pierre Puget, d'après son fils; Nicolas Vleughels, d'après Pesne. 2 pièces.

184. **JENICHEN** (Balthasar). Les Travaux d'Hercule. 12 pièces.

185. **JODE** (Pierre de). Nativité, d'après Seghers; divers Portraits et Costumes. 10 pièces. Deux lots.

186. **KESSEL** (Théodore Van). Suite de chevaux, chiens, chèvres, etc., d'après Van den Hecke; plus deux Portraits, d'après Van Dyck; plus Charles V et Ferdinand Ier, sur la même feuille, par Mathieu Kussel. 14 pièces.

187. **KLASS** (Frédéric-Chrétien). Paysages animés par divers personnages. 11 pièces.

188. **KLAUBER** (Ignace-Sébastien). Le comte de Rostopchin, d'après Tonci, en 1800, à Pétersbourg; la Femme de Rembrandt, par Kellerhoven.

189. **KLENGEL** (Jean-Chrétien). Paysages, Monuments et Ruines. 24 pièces.

190. **KOBELL** (Ferdinand). Plusieurs suites de Paysages et Etudes d'après nature, 33 pièces.

491. **KOBELL** (Henri). Marine hollandaise, ornée de figures et de barques. Eau forte belle et rare, avec la signature autographe du maître.

192. **KOKER** (Anne-Marie de). ou **KLOECKNER**. Paysages et suite d'oiseaux, non décrits. Pièces très rares et recherchées. 8 pièces.

193. **KOOGEN** (Léonard Van der). Saint Sébastien (2), très jolie pièce d'un maître qu'on trouve rarement, même dans les catalogues les plus riches.

494. **LADENSPELDER D'ESSEN** (Jean). Planètes non décrites par Bartsch : Jupiter en largeur et en hauteur, Vénus en hauteur Vénus et l'Amour sur les nues ; Mercure sur un char traîné par deux coqs, deux épreuves ; l'Eté, jeune femme tout-à-fait nue sur un char traîné par deux papillons, dirigé à gauche en largeur. 7 pièces. Deux lots.

495. **LASNE** (Michel). Callot, le cardinal de Richelieu et une bergère ; plus Coeslin, évêque d'Orléans, par Lenfant, d'après Nanteuil. Très beau. 4 pièces.

196. **LAULNE** (Etienne de). Sujets de l'Histoire sainte et de l'Histoire profane : allégories, frises ; les douze mois de l'année, etc. 42 pièces. Cet article sera divisé.

197. **LAUTENSACK** (Jean-Sebald). Paysage, dont le côté gauche est une ville ; le chiffre et l'année 1554 sont au milieu du bas. (38) ; grand Paysage montueux, en largeur, entrecoupé par une rivière et orné de fabriques ; sur le devant, au milieu, s'élève un grand arbre dont la cime dépasse le bord supérieur de la planche, au pied de cet arbre, un peu à droite, on distingue un homme couché ; plus loin, du même côté, un homme à pied et un autre à cheval. Sans chiffre et sans année. Beau et rare. Non décrit. 2 pièces.

198. **LEEUW** (Guillaume de). _Loth enivré par ses filles_, d'après Rubens. Belle épreuve avant le nom de Danckerts. Rembrandt, d'après lui, avant la lettre. Très beau. Deux lots.

199. **LEMERCIER** (Ant.). St. Jean dans le désert (R. D. I.).

200. **LEU** (Thomas de). Charles V et Alexandre Farnèse, d'après Rabel. Deux portraits dans le même cartouche.

201. **LEVASSEUR** (Jean-Charles). Intérieur d'une chambre où sont réunis plusieurs buveurs, on voit à gauche une femme qui fait des caresses à un homme assis sur un banc, d'après Béga, avant toute lettre.

202. **LIEFRINCK** (Jean). Différentes frises représentant des chasses, oiseaux, feuillages, etc.; Emblêmes et Attributs des vertus chrétiennes (Winckler, t. I, p. 533); David tenant la tête de Goliath de la main droite et un sabre sur l'épaule gauche, non décrite. 20 pièces. Deux lots.

203. **LOMBART** (Pierre). Pénélope Herbert, deux épreuves; et Elisabeth, d'après Van Dyck. 3 pièces.

204. **LONDONIO** et **LOUTHERBOURG**. Tête de vieillard; une Vache et un Ane; Enfant jouant avec un mouton, etc., etc. 4 pièces.

205. **LONGHI** (Joseph). Napoléon Ier en grand costume impérial, dans un rond. Dessiné et gravé par lui, en 1806.

206. **LORCH** (Melchior). Albert Durer et une Tête d'un oriental (18), par Jean Livens. 2 pièces.

207. **LUYKEN** (Jean). La Multiplication des pains; la Mort de Turenne et une autre pièce. Dessinées et gravées par lui. 3 pièces.

208. **MAAS** ou **MAES** (Pierre). Sainte Madeleine en prière, tournée à droite; eau forte en hauteur, non décrite.

209. **MALBÊTE**. L'Ange quittant Tobie, d'après Rembrandt, 1re épreuve, avec quantité d'essais de burin.

210. **MARCENAY** (Guy de). Bayard, avant la lettre; Charles V, avant et avec la lettre ; De Thou, avant la lettre. 4 pièces. Charles VIII ; le maréchal de Saxe et Sully. Tous avant la lettre. 3 pièces. 2 lots.

211. **MARCENAY** (G. de). Vicomte de Turenne et le Tintoret. 2 pièces.

212. **MARVY** (Louis). Paysages d'après nature et copies de Rembrandt. 26 pièces.

213. **MASSARD** père (Jean). La Mort de Socrate, d'après David, avant la lettre.

214. **MASSARD** (Raphaël - Urbain). Funérailles d'Atala, d'après Girodet, avant la lettre.

215. **MASSON** (Antoine). Brisacier (15, 4ᵉ état); Cureau de la Chambre (24, 1ᵉʳ état, très beau) ; Dᴵˡᵉ de Guise (32, 5ᵉ état) ; Lamoignon (39, 2ᵉ état) ; Marie de Bavière (48) ; Medavi (51, 2ᵉ état) ; D'Ormesson (58, 4ᵐ état) ; Patin (60, deux épreuves, avec la planche accessoire) ; le Duc de Vandosme (67) ; nᵒˢ R. D. 10 pièces. Cet article sera divisé.

216. **MASURIER** (le) ou **MAZURIER**. Paysages et sujets divers, d'après Téniers, Londonio et autres. 8 pièces.

217. **MAZZUOLI** (François), dit **PARMESAN**. Le Berger debout (12) ; et plusieurs autres pièces d'après lui, par divers.

218. **MÉCHAU** (J.). Paysages faits à Rome en 1792 et 93. 2 pièces.

219. **MELDOLLA** (André). Baigneuses surprises par des satyres, à gauche l'Amour près d'une femme couchée. Composition de neuf figures, non décrite par Bartsch, très rare, très intéressante, et très belle. Pièce libre.

220. **MELLAN** (Claude). Jésus - Christ conduit au supplice ; Loth et ses filles ; Judith, etc., etc. 7 pièces.

221. **MELLINI** (Charles). Le premier président de Pellinchove, d'après J. Avéd.

222. **MERCURI** (P.). Sainte Amélie, d'après Delaroche. ~~Lettre grise~~. Belle épreuve.

223. **MERIAN**. Vue du parc et des jardins du château de Heidelbergh. Très belle pièce.

224. **MEYER** (Conrad). Le Déluge et le Jugement dernier, en regard sur la même feuille. Rare et belle.

225. **MICHEL** (Jean - Baptiste). La Mort de Didon, d'après Challes; et la Mort d'Hercule, d'après le même; une Vierge, par Gilbert Fillœul, avant la lettre; et une Sainte-Famille, d'après Watteau. 4 pièces.

226. **MIELE** (Jean). Siége de Mastricht (4); Prise de Mastricht (5); Prise de Bonn (6); de *Fabien Strada*. Rares. 3 pièces.

227. **MINOZZI** (Bernard). Paysage, nº 2, 1ᵉʳ et 2ᵉ états; Campagne de Rome. 3 pièces.

228. **MOREAU** (J. M.). Suzanne au bain, d'après Rembrandt. Une marine, d'après Le Prince. 2 pièces.

229. **MORGENSTEEN, FRITZ MULLER, MOSS-MER**, etc. Taureau couché, d'après Roos. Une copie de Roos. Berger endormi, son chien à côté de lui, etc., etc. 5 pièces.

230. **MORGHEN** (Raphaël). Buste d'Auguste, planche inédite et posthume publiée par M. Tastu. Buste de Napoléon Iᵉʳ, vu de face dans un rond orné d'étoiles et d'abeilles. Avant la lettre. Buste de Napoléon Iᵉʳ en costume d'empereur romain, vu de profil dans un ovale. Ces pièces sont d'après Bouillon. 3 pièces.

231. **MORIN**. Saint Pierre (27). Bourbon Conti (47, 4ᵉʳ état). Janssenius (61, 1ᵉʳ état). De Thou (77). Nᵒ R. D. 5 pièces. Cet article sera divisé.

232. **MORO** (Marc-Angeli-Torbido del). La sibylle Tiburtine (3) et saint Jérome, par Baptiste del Moro, non décrite par Bartsch. 2 pièces.

233. **MULLER** (J. G.). Jean George Wille, d'après Greuze.

234. **MUSI** (dit Augustin Vénitien). Le corps de Jésus entre les mains des anges (40). L'apôtre et le cordelier (114). Danse de faunes et de bacchantes (250, 303, 304). Hercule au berceau, 1ᵉʳ état (315, 415). Portraits et une chimère. 11 pièces. 3 lots.

235. **NAHL** (A.). Jupiter embrassant Ganimède et une bacchante endormie, la tête appuyée sur une urne. Belles marges. 2 pièces.

236. **NANTEUIL** (Robert). Deux portraits de Voiture, dont un très beau. 2 pièces.

237. — Bailleuil (27, 2ᵉ état). Barberin (28). Beaumanoir (34, 2ᵉ état). Charles de Lorraine (63). Christine (67, 3ᵉ état). Dony d'Attichy (83). Dunois (86). La Vrillière (123, 3ᵉ état). Le Coigneux (125). Mallier (167, 2ᵉ état). Maridat de Serrières (168). Ménage (188, 1ᵉʳ et 2ᵉ états). François Molé (195). *Turenne* (233, 4ᵉ état). 15 pièces. Cet article sera divisé. Ces numéros sont ceux de R. D.

238. **NATALIS** (Michel). Sainte famille, d'après Raphaël, avant la lettre. Sainte famille, d'après Bourdon, avec le sein découvert. Ravissement de saint Paul, avant la lettre. Silène attaché pendant son sommeil. Cet article sera divisé.

239. **NIELLE**. Arabesques avec un oiseau au milieu (M. Duchesne aîné, n° 371).

240. **NOLPE** (Pierre). Entrée d'Henriette Marie d'Angleterre, à Amsterdam, le 20 mai 1642. Pièce en trois morceaux, d'après Paul Potter. Rare et curieuse. Le prophète Elie nourri dans le désert par des corbeaux, d'après Paul Potter. Cette pièce est encadrée par des sujets relatifs à la vie de ce saint. Le printemps, 1ᵉʳ état et 2 petites pièces. 5 pièces. Cet article sera divisé.

241. **NOORDE** (Corneille Van). Abraham Rademaker. Decker, avant la lettre. Jozina Keuse. Belles. 3 pièces.

242. **NOTHNAGEL** (Jean-André-Benjamin). La nourrice et
le fumeur. Le jeune ivrogne (18) et une autre pièce, par
Corneille Matsys. 4 pièces.

243. **NUTTER**. Jeune fille et son chien, d'après J. R. Smith,
avant la lettre. Un portrait, par Caroline Naudet. 2 pièces.

244. **OPEL** (Pierre), armurier de Ratisbonne. Charrue mons-
trueuse attelée d'une grande quantité de chevaux, marquée
P. 1587. Pièce excessivement curieuse en 2 planches, non
décrite et peut-être unique.

245. **OSSENBECK** (Jean). Fête donnée dans la résidence
impériale de Vienne, d'après Van Hoy, non décrite par
Bartsch.

246. **OSTADE** (Adrien Van). Gueux enveloppé d'un manteau (22). Les harangueurs (19). Belle.

247. **OVERLAET** (d'Anvers). Paysage, d'après un dessin de
Rembrandt. L'écriture qui est dans la marge du bas est
de la main du maître. Rare et curieuse pièce.

248. **PANNEELS** (Guillaume). Baptême de Notre Seigneur,
d'après Rubens.

249. **PAUQUET** (L.). Le Tasse et la princesse Éléonore,
d'après Ducis, avant la lettre.

250. **PEHAM** ou **PECHAM** (George). Neptune dans une
conque traînée par quatre chevaux. 2 épreuves du même
sujet, mais avec des différences dont Brulliot ne parle pas.
1073. 2ᵉ partie.

251. **PENCZ** (Georges). Histoire de Joseph (11, 12). Mutius
Scevola (74). Tarquin armé d'une épée (78). Artémise (83).
La prise de Carthage (86), 1ʳᵉ et 2ᵉ épreuves. Thétis et
Chiron (90). Rinceau d'ornements (123). 9 pièces. Cet ar-
ticle sera divisé.

252. **PESNE** (Jean). Le ravissement de saint Paul (12, 2ᵉ état).
Portrait du Poussin (5, 1ᵉʳ état, rare). La mort de Saphire
(19, 1ᵉʳ état). Chiron enseigne à Hercule à tirer de l'arc
(35). Mort d'Anthée (40). Ces numéros sont ceux de R. D.
5 pièces. Cet article sera divisé.

253. **PHILLIPS** (Charles). Portrait d'homme assis, les mains jointes appuyées sur sa canne, d'après Rembrandt. Avant la lettre.

254. **PICAULT** (P.). Richard le fils, médecin de La Rochelle. Avant la lettre.

255. **PICCINA** (Gajetano). Allégorie sur la puissance de l'Amour.

256. **PITAU** (Nicolas). Benjamin Priolo, Marie-Thérèse, Gustave Wrangell. Avant la lettre. 3 pièces.

257. **PIZZI** (Louis). Napoléon Ier, les bras croisés, dessiné et gravé par lui, à Padoue, en 1810. Grand in-fol., seulement une grande N au milieu de la marge du bas.

258. **PLATE MONTAIGNE** (Nicolas de). Vincent Barthelmy (19), R. D. Habert, maître des requêtes (24), R. D. 2 pièces.

259. **PLEGINCK** (Martin). Différents cavaliers (9 à 14), plus une septième pièce inconnue à Bartsch, qui représente un seigneur à cheval, allant au pas vers la droite. Il est en petit manteau espagnol et tient la bride de son cheval de la main droite. La marque est à la gauche d'en bas sous le pied du cheval. 7 pièces.

260. **POILLY** (les). Vision d'Ezéchiel. Arnauld, évêque d'Angers. De Grignan, archevêque d'Arles. De Troy, d'après lui-même. Denis Talon et Bazile Fouquer. 6 pièces.

261. **PONTIUS** (Paul). Sainte Rosalie, d'après Van Dyck, et plusieurs portraits. 4 pièces.

262. **POTRELLE** (J.-L.). Michel-Ange et Jules Romain, d'après leurs peintures. 2 pièces.

263. **POTTHOVEN** (Henri). B. 2465, 1re partie. Vieillard lisant, une chandelle à la main, d'après Verkolie, au bistre sur papier de Chine. Joseph Bernard, peint et gravé par Bouys, en manière noire. Terry, par son ami Frédéric Faber, à l'eau-forte. Ces portraits sont rares. 3 pièces.

264. **PRENNER** (Antoine-Joseph de). La Tour de Babylone, d'après Bruegel. Cette curieuse pièce est très recherchée et rare. Tintoret, Rembrandt et divers sujets, d'après différents maîtres. 8 pièces. Deux lots.

265. **PRENNER** (George-Gaspard, fils de Antoine-Joseph de). Fastes de la maison Farnèse, d'après les peintures des frères Zuccari, dans le palais de Caprarole, en 1 vol. in-fol., mar. rouge, petits fers sur les plats. Exemplaire magnifique. 45 planches.

266. **PRESTEL** (Marie-Catherine). La Forêt, où l'on voit sur le devant un homme et une femme assis.

267. **QUAGLIO** (Dominique). Vues prises à Munich : paysages et Monuments divers. 54 pièces.

268. **RAIMBACH** (Abraham). La Saisie, d'après Wilkie. Belle, avec grande marge.

269. **RAIMONDI** (Marc-Antoine). Sainte Catherine et sainte Lucie (121); le jeune et le vieux Bacchant (294); la Paix (393); la Peste (417), avec l'adresse de Salamanque: Chasse aux lions (422), deux épreuves, dont une avec l'adresse. Les nos 589, 592, 593, 614 et 618 de la suite de la Passion, d'après Albert Durer, en outre différentes copies et bon nombre de pièces de son école. 50 pièces. Cet article sera divisé.

270. **READ** (Richard). La Dame hollandaise, d'après Rembrandt, avant la lettre.

271. **READ** (C.-D.), vivait en 1830 à Salisbury. Eaux fortes dans le goût de Rembrandt, très estimées; il n'y a eu que quatre exemplaires tirés de son œuvre. Rare. 58 pièces.

272. **REGNESSON** (F.). De Wilson de la Colombière, d'après Nanteuil.

273. **REMBRANDT** ou **VAN RHYN** (Paul). La Circoncision (47), cabinet Boerner; la Samaritaine (71), 1er état, non mentionné par Bartsch; Résurrection du Lazare (73), 4e état; saint Jérôme (102); Homme méditant (148); le Dessinateur d'après le modèle (192); les nos 194, 195, 196;

Jean Vander Linden (264), 2ᵉ état ; Vieillard à grande barbe (290) ; Nègre blanc (339), avec le nom de Mariette, 1693 ; Etude de trois têtes de femme (367). 13 pièces. Cet article sera divisé.

274. **RENI** (Guido) et son école. Sainte-Famille (9), 1ᵉʳ état ; la Samaritaine, d'après Carrache (52) ; Loli, d'après le Guide ; Sainte-Famille (5) ; Sybille (31) ; et deux autres. 6 pièces. Deux lots.

275. **REVERDINUS** (Caspar). Moïse frappant le rocher d'Horeb (2) ; Sainte-Famille (8) ; les Enfants dansant au son du tambour (36) ; Portraits de Valerius, Junius, Brutus, etc. 6 sur la même feuille, non décrite. 4 pièces.

276. **RIBERA** (Joseph). Saint Jérôme lisant (3) ; Silène (13) ; copie et une figure en pied, par Salvator Rosa. 3 pièces.

277. **RICHOMME** (Joseph). Adam et Eve, d'après Raphaël. Belle épreuve avec la faute au mot Josephe. Lettre grise.

278. **ROBERT-DE-SERY** (Paul-Ponce-Antoine). Portrait d'un sculpteur, avant toute lettre. Pièce non décrite par M. Robert Dumesnil.

279. **ROBINSON** (Jean-Henry). Nicolas Iᵉʳ, empereur de Russie, d'après Dawe, avant la lettre. Papier de Chine.

280. **RODE** (Christian-Bernard et Jean-Henri). Portrait de femme, *Primus amor*. Une louve allaitant deux enfants, *Romulus et Remus*. Ecce Homo. Grande pièce. 3 pièces.

281. **ROGHMANN** (Roelant). La chute d'eau (30).

282. **ROSEX** (Nicoleto) de Modène. Saint Jérôme à genoux. Pièce attribuée à ce maître, vendue sous ce nom à la vente du cabinet Delessert.

283. **ROSSI** (Jérôme), dit le Vieux. Saint Jean-Baptiste, d'après Le Guide (3). Les deux enfants, d'après Le Guerchin (4), du cabinet de M. R. D. 2 pièces.

284. **ROTA** (Martin). Le Jugement Universel (28) avec la tablette. Le Temps tournant la roue de Fortune (107) et deux autres pièces allégoriques non décrites. 4 pièces.

285. **ROUSSELET** (Gilles). Rebecca à la fontaine, d'après Poussin. L'Europe, d'après Ch. Le Brun. 2 pièces.

286. **ROY** (Henri Le). Suite des sept planètes avec un frontispice par Thomas de Leu. 8 pièces.

287. **RUCHOLLE** (Pierre). Allégories sur l'Amour, suite que nous croyons incomplète. Petites eaux-fortes très fines et très curieuses en ovale, non décrites. 8 pièces.

288. **RUGENDAS** (Georges-Philippe). Opérations militaires, avant toutes lettres. 2 pièces.

289. **RUGGIERI** (Guido). Jeune homme entre les bras de deux autres hommes et d'une femme. Belle estampe Brulliot, 823, 1re partie.

290. **SADELER** (Gilles). La Charité, avec et avant la lettre. Plusieurs portraits et sujets, dont l'empereur Mathias. 2 lots. 6 pièces.

291. **SAENREDAM** (Jean). Eve présentant à Adam le fruit défendu, d'après Corneil Cornelis. Superbe épreuve avant toute lettre, inconnue à Bartsch. Loth et ses filles, d'après Goltzius. Belle épreuve avant toute lettre.

292. **SAFT-LEVEN** (Herman). Paysage ou, entre des grands arbres et des buissons, l'on aperçoit un clocher à droite. Rigal (44). Les Moissonneurs, attribué à ce maître. 2 pièces.

293. **SAVART** (Pierre). Bossuet. 1er état, avant toute adresse. Très beau.

Bossuet. 2e état, avec une adresse. Un autre, 3e état avec deux adresses. 2 pièces.

Christian VII et Louis XVI. Ce dernier par Mlle Savart. Beau et rare. 2 pièces. 3 lots.

294. **SAVART** (P.). Louis de Bourbon. Cardinal de Richelieu. Fénelon. Boileau. Deux différents dont un avant toute lettre. Diane et Endymion. 2 lots. 6 pièces.

295. **SCHALCH** (J.-J.). Le comte de Bonneval, coiffé d'un turban. Rare.

296. **SCHIAVONE** (André). Le Jugement de Pâris (16). Rare.

297. **SCHIDONE** (Barthelmy). Sainte-Famille. Cette eau-forte est la seule connue de ce maître. Rare.

298. **SCHMIDT** (George-Frédéric). M. Law (21), avant la lettre. Thevenard (24). Sévigné (28), avant la lettre. Antoine Pesne (59), grandes marges. Le ministre d'Arnin (75). La mère de Rembrandt (145). Le prince d'Orange (152). Jésus guérissant la fille de Zaïre (165), avant la lettre et plusieurs autres sujets et portraits. 13 pièces. Ces numéros sont ceux du catalogue de Schmidt. Cet article sera divisé.

299. **SCHULTZE** (Chrétien Gottfried). Divers portraits, d'après Rembrandt. 4 pièces.

300. **SCHUPPEN** (P. Van). Louise d'Orléans, d'après Seve, Jeanne de Savoie, d'après Beaubrun, Pierre de Brauer, d'après le même. Lefèvre de Caumartin, d'après de Troy. François Pinsson, avocat. 5 pièces.

301. **SCHUT** (Corneille). La Sainte-Vierge et Saint Joseph tenant l'Enfant-Jésus debout au milieu d'eux ; à gauche un ange lui présente son offrande à genoux. Groupe d'enfants, allégorie sur les arts. 2 pièces.

302. **SCHWEICKHART** (H. W.). Figures en pied de paysans, pêcheurs, etc., y compris le titre. 1er état, ayant les numéros. 8 pièces.

303. **SÉBASTIEN D'UAL**. Repos en Égypte et Prométhée. Les deux seules pièces connues de ce maître. Bartsch, t. 16, p. 241, en fait beaucoup d'éloges.

304. **SETTI** (Hercule). Cariatides et un chapiteau corinthien. B. 2 pièces.

305. **SICHEM** (Van). David, d'après Goltzius et divers autres sujets gravés sur bois. 10 pièces.

306. **SILVESTRE** (Israël). Trois feuilles de la première journée et différentes vues. 14 pièces.

307. **SMEES** (J.). Paysage. Au milieu du devant un homme, portant un fagot (8), avec grande marge. Très jolie eau-forte, d'une condition parfaite.

308. **SOLÈS** (Virgile). Ancien et Nouveau-Testament. Sujets allégoriques, de genre, chasses, portraits, frises et cartes à jouer; dessin du maître et son portrait par le maître au monogramme B. I. Cet article sera divisé. 57 pièces.

309. **SON** (Nicolas de). Esther devant Assuérus, d'après Vignon. Saint-André, belle contre-épreuve de celle de Vignon. 2 pièces.

310. **SPEER** (Michel). Allégorie d'après les plafonds peints par Solimène au *Monte Cassino*. Rare.

311. **STOOP** (Thierry). Différents Chevaux, suite incomplète. Le n° 1, 1er état, est double, ainsi que le n° 4. 8 pièces.

312. **STOOPENDAL**. Vue d'Amsterdam, avant la lettre.

313. **STRANGE** (Robert). L'Amour, d'après Van Loo; et le portrait de Rabbi, d'après Rembrandt, par W. Strange; Apothéose d'Octave et Alfred; d'après Benjamin West. Eau forte pure. 3 pièces.

314. **STRASBURG** (Jacques de). *Istoria Romana*, sujet allégorique et satyrique, très beau, gravé en bois, d'après Benedetto Montagna (Brulliot, 965, 3e partie).

315. **SUBLEYRAS** (Pierre). Le Serpent d'airain (R. D. 2), 1er état, non décrit, avant la lettre; la Madeleine aux pieds de Jésus (R. D. 3). 2 pièces.

316. **SUNDER**, dit **LUCAS CRANACH**. Repos en Egypte (4); le Couronnement d'épines de la suite de la Passion (6 à 20); Jeune Homme monté à cheval, se dirigeant vers la droite (116). 3 pièces.

317. **SUYDERHOEF** (J.). La Paix de Munster, d'après Terburg; Maximilien d'Autriche, d'après Rubens; Claude de Salmasis, d'après Van Negre; Jacob Revius, d'après Hals; le Coup de couteau, d'après Terburg. 5 pièces. Cet article sera divisé.

318. **SWANEVELT** (Herman). Les Chameaux (26), avant le
numéro; les Satyres (33); Vigne mamsrone (54); la Fileuse
et les quatre Bœufs (78); les deux Cavaliers (79); la petite
Cascade (80). 6 pièces.　　　　31　Le Blanc

319. **TANJÉ** (Pierre). Matrone en bonnet, avec une grande
fraise, d'après Rubens; Homme à mi-corps, un bâton à la
main, d'après Rembrandt (galerie de Dresde). 2 pièces.　　3-25

320. **TENIERS** (David). Un Homme à grande barbe, vu à
mi-corps, regardant à droite; il est couvert d'un grand
manteau doublé de fourrure; dans une niche à droite est
un sablier. Cette pièce est gravée dans le goût de Livens;
elle est très belle et très rare.　　　　21.　Van Os

321. **TOMBLESON** (W.). Deux Vues des environs de
Genève, d'après Toffer, dont une sur papier de Chine.
2 pièces.

322. **TORTOREL** et **PERRISSIN**. Guerres, Massacres,
Evénements remarquables, etc., etc. 6 pièces.　　6-25

323. **TOSCHI** (Paul). Vénus et Adonis, d'après l'Albane,
avant la lettre.　　　　19-

324. **TRAUTMAN** (George). Résurrection de Lazare, dans
le goût de Rembrandt (Brulliot, 1re partie).　　8-

325. **TREU** (Martin). L'*Histoire de l'Enfant Prodigue* (3 à 14),
manquent les nos 11 et 14, nous avons le no 10 non décrit
par Bartsch; les *Paysans dansant* (15 à 23), les nos 15,
18 et 22, qui se trouvent dans cette suite, n'ont pas été
décrits par Bartsch; un Seigneur vu par le dos, de profil
et tourné à gauche, tient par la main une dame qui est à
sa droite (28); la Surprise (36); la Polissonnerie (37); le
Mari maltraité (38); un Paysan qui vomit soutenu par sa
femme tandis qu'un autre la caresse, non décrite, nous
croyons qu'elle doit faire partie de la suite des *Paysans
dansant* que Bartsch croit être plus nombreuse que celle
décrite; un Homme d'âge dormant sur les genoux d'une
jeune femme tandis que derrière lui un autre homme, qui
paraît être un militaire, l'embrasse (pièce ronde). 25 pièces.
Cet article sera divisé.　　11-50　9-50　11-50

326. **TROYER** (Paul). Paysage orné à droite d'un monument surmonté du buste de Minerve, beaucoup de petits enfants et de génies formant des groupes. Cité par Nagler comme rare.

327. **UDEN** (Lucas Van). Vue d'une ville bâtie à l'italienne (52), sur le devant d'un paysage un homme abreuve deux chevaux, sur l'un desquels il est monté (57); Paysage, au milieu duquel est une femme portant un panier, près d'elle une autre, qui est à genoux, soulève un pot à lait (58); Vue d'un pays d'une grande étendue, Rigal, 60. 4 pièces.

328. **VANGELISTI**. Le Premier Devoir des mères, d'après Raphaël, deux épreuves, encrées différemment; Armand de Bourbon, prince de Conty, avant toute lettre. 3 pièces.

329. **VANNI** (Michel-Ange). Hérodiade tenant un plat dans lequel est la tête de saint Jean, 1er et 2e état. 2 pièces.

330. **VEEN** (Gisbert Van). Jean Boulogne, statuaire (Brulliot, 1128, 2e partie).

331. **VELDE** (Adrien Van de). Les Chiens (9) et copies des nos 1 et 6. 3 pièces.

332. **VELDE** (Jean Van de). Le bon Samaritain; deux Vues prises à Harlem, sur la même feuille, recto et verso, très rare; Paysage avec ruines. 3 pièces.

333. **VERBECQ** (Ph.). Berger assis; Jeune Homme debout. Dans des ovales. 2 pièces.

334. **VERKOLIE** (Nicolas). Jeune Fille portant une chandelle, d'après Schalcken.

335. **VERMEULEN** (Corneille). Jacob Sirmond, de la société de Jésus, avant toute lettre; il y a 3 états de cette planche.

336. **VERNET** (Horace). Prise d'une redoute par des grenadiers français; Bivouac de cosaques aux Champs-Elysées, d'après Carle Vernet.

337. **VICUS** (Æneas). Judith chargeant sa suivante de la tête d'Holopherne (1). L'armée de Charles V. traversant l'Elbe (18). Les trois graces (20). Les amours de Léda (25). Ju-

piter changé en cygne (26). Les fêtes et orgies de Bacchus (33). Femme debout avec le hibou (45, 1er état), Punition d'une courtisane pour s'être moquée de Virgile (46). Enfants portant un cerf (48). Femme assise se regardant dans un miroir, tournée à droite. Le chiffre du maître dans un tablette au bas à gauche, non décrite. 10 pièces. Cet article sera divisé.

338. **VISCHER** (Corneille). Petrus Scriverius, d'après Soutman.

339. **VISCHER** (Jean). Le tâtonneur, d'après Ostade. Belle épreuve avec le nom de Witt.

340. **VISSER HENDER**. Deux paysages avec des ruines, dessinés et gravés par ce maître en 1812, avant la lettre. Plus un grand paysage par Vischer de Basle, aussi avant la lettre. 3 pièces.

341. **VITTINGHOFFER** (Charles baron de). Paysages, animaux et sujets de genre. 20 pièces.

342. **VLIET** (Jean Georges Van). L'arracheur de dents (53).

343. **VORSTERMAN** (Lucas). Nicolas Roccoxius, d'après Van Dyck, avant les médailles sur la table et les armes. Claude Maugis, d'après Champagne, avant l'inscription. On aperçoit dans la marge qu'on l'a ajoutée à la main. Très beau. Deux lots.

344. **WATELET** (H.). Rousseau, rare. Le berger, d'après Berghem. Deux épreuves et une autre pièce de sa composition. 4 pièces.

345. **WATT** (J. H.). Thomas Moore, d'après Newton, avant la lettre, papier de Chine.

346. **WATERLO** (Antoine). La petite cascade (5) avant le numéro. Moulin (119). Le petit pont traversant le ruisseau (124). 5 pièces.

347. **WEINER** (Jean). Saint Michel culbutant le démon, d'après Christophe Schwars. Rare et belle.

348. **WEISBROD** (C.). La vendange, d'après Berghem. Paysage, d'après Brand. 2 pièces. Janot, d'après Wille fils. Belles épreuves avec grandes marges. 2 lots.

349. **WEISS** (Bartholoméo). Sainte-Famille. Adoration des bergers. 2 pièces.

350. **WILBORN** (Nicolas). Les planètes, suite complète; très belle, sur la dernière. La lune est l'année 1563. 7 pièces.

351. **WILLE** (Jean-Georges). Repos de la Vierge, d'après Diétricy. Deux épreuves et une petite pièce à l'eau-forte. 3 pièces.

352. **WINTTER** (Georges). Frontispice avant la lettre et deux chiens. 3 pièces.

353. **WITT** (Jacques de). Quatre génies sur les nues. Rare.

354. **WOEIRIOT** (Pierre). Son portrait (1). Les funérailles, 196, 197, 199, 200, 201. La femme d'Astrubal se précipitant dans le bûcher (206). Pie IV (301). Poignée d'épée et son fourreau (379). Cet article sera divisé. 9 pièces.

355. **WOOLLETT** (Williams). Le pont du Diable, d'après W. Pars.

356. **WORLIDGE** (Thomas). Buste d'homme avec un grand chapeau orné de plumes. Jean Stradan, par Wierix. Tête de jeune paysan. 3 pièces.

357. **WYTEMBROECK** (Moïse). Mercure tuant Argus (23). Diane et ses nymphes (31). Toute première épreuve. Rare. 2 pièces.

358. **ZENOI** ou **ZENONI** (Dominique). Bacchanale. Brulliot, 669, 1re partie, et une tentation de Saint-Antoine, d'après Teniers, par Van den Wyng. 2 pièces.

359. Sous ce numéro divers lots d'estampes au burin, à l'eauforte et lithographies non catalogués.

360. Sous ce numéro seront vendus tous les objets omis au présent catalogue.

Maulde et Renou, Imprimeurs de la Compagnie des Commissaires-Priseurs, rue de Rivoli, 114.   2278

			Total		
Berard	110	50	121	50	5	50
Thiers	189	50	208	90	9	98
Harduin	8	50	9	40		45
Durand	4		4	20		
Creux	65		71	50	3	25

PORTRAITS EN BISTRE.

Collection de Portraits inédits ou rares de Personnages célèbres.

REPRODUITS NOUVELLEMENT PAR LA GRAVURE.

—:◉:—

LAMBALLE (princesse de), dessinée d'après nature quelques heures
    avant sa mort par Gabriel , et gravée par Jules Porreau.
MARAT à la tribune, dess. d'après nature par Gabriel ,   id.
CAYLA (comtesse de), née Talon , d'après le bar. Gérard ,   Massard.
TALLIEN (madame), née Cabarus, d'apr. le bar. Gérard ,   id.
THÉROIGNE DE MÉRICOURT, d'après l'original à la Bibl.,   Devritz.
STOLBERG, comtesse d'ALBANY (Louise-Max DE).   Varin.
DEVIENNE, ⎱ actrices du Théâtre-Franç., d'ap. les méd. ⎱ Normand.
MEZERAI , ⎰   dans le cabinet de M. Soleilol , à Paris , ⎰
AMOROS , colonel , fondat. de la gymnast. en France ,   Varin.
BABEUF (F.-N.-Gracchus), journaliste,   J. Porreau.
BARÈRE (Bertrand), de Vieuzac , conventionnel ,   id.
BERRUYER , général, commandant des Invalides ,   id.
BOSSUT (Charles), mathématicien ,   id.
BRAZIER (Nicolas) auteur dramatique d'après Marlet ,   id.
BRISSOT (J.-P.), de Varville, conventionnel ,   id.
COCHON , comte de l'APPARENT , conventionnel , ministre,   id.
DE FERMONT , comte, député, conseiller d'Etat ,   id.
DEBUREAU , acteur des Funambules, Pierrot ,   id.
DONADIEU , baron , général de division .   id.
DORAT-CUBIÈRES PALMEZEAUX , poète, auteur dramat.   id.
DUCOS (Roger), avocat, constitut., 3e consul provisoire,   id.
ELIE DE BEAUMONT , avocat au Parlement de Paris ,   Devritz.
FRÉRON (Louis-Stanislas), conventionnel ,   J. Porreau.
FROCHOT , comte, préfet, député ,   id.
GARNERIN (A.-J.), inventeur du parachute.   id.
GAUDIN , duc de Gaëte, ministre des finances,   id.
GENLIS (A. Brulard, comte de), cap. des gardes, conv. ,   id.
GEOFFROY (J.-L.), critique, journaliste,   id.
KANT (Emmanuel), philosophe allemand ,   Bracquemond.
LAINÉ (J.-H., vicomte), ministre et académicien ,   J. Porreau.
MESMER , auteur du magnétisme animal ,   id.
PERSUIS (L. Loiseau de), musicien , d'ap. Pierre Guérin ,   id.
PETIET (Claude), député, ministre de la guerre ,   id.
REVEILLÈRE-LEPAUX , botaniste, théophilantrope,   id.
ROBERT LINDET , député, conventionnel , ministre ,   id.
ROUGET DE L'ISLE , auteur de *la Marseillaise* ,   Varin.
SILVAIN MARÉCHAL, poète et littérateur,   Devritz.
SAINT-PRIX , acteur de la Comedie Française ,   J. Porreau.
SAINT-SIMON (Claude-H., comte de), philosophe,   Perrot.
VADIER (A.), député aux Etats-Généraux ,   J. Porreau.
VATOUT (J.), poète, académicien, bibliothécaire,   Varin.
VIGÉE (L.-G.-B.-E.), poète et auteur dramatique,   J. Porreau.

Chaque portrait pouvant entrer dans in-8º est tiré in-4º.
Avec la lettre, papier blanc, 1 fr ; papier de Chine, 1 fr. 25 c.
Avant la lettre, papier blanc, 1 fr. 50 c.; papier de Chine, 2 fr.
Dont il n'est tiré que 20 épr. blanc et 5 Chine.

———————

Afin de faciliter les recherches des amateurs de portraits, soit pour
les illustrations, soit pour les collections d'autographes ou autres, *un
Catalogue détaillé* de quelques collections de portraits qui peuvent se
trouver chez moi, classés par ordre alphabétique, sera remis aux
personnes qui en feront la demande affranchie. Comme échantillon,
je publie cette collection extraite de ce catalogue.

www.ingramcontent.com/pod-product-compliance
Ingram Content Group UK Ltd.
Pitfield, Milton Keynes, MK11 3LW, UK
UKHW021148140726
13695UKWH00005B/2018